Bettina Obrecht

Anna fährt ans Meer

Bilder von
Marion Elitez

Verlag Friedrich Oetinger · Hamburg

Erstlesebücher von Bettina Obrecht

in der Reihe „Laterne, Laterne"
Anna wünscht sich einen Hund *
Zwei Freunde für Anna
Anna am Meer
Maja und Lena sind Flüsterweltmeister

in der Reihe „Sonne, Mond und Sterne"
Nick und sein Lieblingstier
Nick und der neue Lehrer
Nick und das große Wettrennen

* Dieses Buch ist auch als CD bei
IGEL-RECORDS erschienen.

Einband- und Reihengestaltung: Ralph Bittner und Manfred Limmroth
Titelbild und farbige Illustrationen von Marion Elitez
Reproduktion: Die Litho, Hamburg
Druck und Bindung: Proost N.V., Turnhout
Printed in Belgium 2007
ISBN: 978-3-7891-0635-4

www.oetinger.de

Ein Jahr hat viele gute Zeiten:
Auf Weihnachten freut sich Anna
fast am allermeisten.
Im Frühling hat Anna
fast immer gute Laune.
Er könnte ewig dauern.
Aber dann käme ja kein Sommer!
Das wäre sehr schade.
Denn den Sommer findet Anna
überhaupt am allerbesten.

Jeden Sommer
machen Mama und Papa und Anna
eine Reise.
Sie reisen in ihrem Wohnmobil.
Das ist ein Haus, das fährt.
Es fährt dahin,
wo es schön ist.
Dort bleibt es stehen.
Am Meer ist es
zum Beispiel schön.
Das Wohnmobil
fährt am liebsten ans Meer.

Anna fährt auch
am liebsten ans Meer.
Letztes Jahr war es herrlich.
Dieses Jahr wird es genauso schön.
Am Strand
kann man Sandburgen bauen.
Wer Glück hat,
findet einen Seestern.
Ein Seestern kann als Wächter
ganz oben auf dem Burgturm
sitzen.

Die Leuchttürme haben
rote und weiße Streifen.
Sie warnen alle Schiffe
vor der Sandbank.
Letztes Jahr war alles schön.
Und am allerbesten war Lara.
Lara war mit ihren Eltern
auch auf dem Campingplatz.
Lara und Anna
haben jeden Tag
miteinander gespielt.
Anna hat am Strand
Schätze vergraben.
Die konnte Lara suchen.

Sie haben zusammen
Muschelketten gebastelt
und die Möwen gefüttert.
Wenn es geregnet hat,
haben sie Matschburgen gebaut.
Oder sie sind wie zwei Damen
mit Schirmen herumspaziert.
Es hat fast jeden Tag geregnet.
Die Zeit ist viel zu schnell
vergangen.

Mama räumt Kleider und Vorräte
ins Wohnmobil.
Anna reitet auf ihrer Schaufel
ums Auto
wie auf einem Hexenbesen.
„Ich freue mich so aufs Meer“,
singt sie.
„Es ist aber ein anderes Meer“,
sagt Mama.
„Ist doch egal“, sagt Anna.
Mama überlegt.

„Es gibt vielleicht keinen
Leuchtturm“, sagt sie.
Anna lacht.
Auch Schiffe auf anderen Meeren
brauchen Leuchttürme.
Sonst fahren sie auf eine Sandbank
und bleiben stecken.
„Ich baue eine Riesen-Sandburg“,
singt Anna.
„Und ich schreibe
eine Karte an Lara.
Eine Karte
mit einem Leuchtturm drauf.“

Mama macht den Mund auf.
Aber sie sagt nichts.
Sie macht den Mund wieder zu
und sieht Papa an.
Beide lächeln.
„Morgen fahren wir ganz früh los“,
sagt Mama.
„Die Fahrt ist weiter
als letztes Jahr.“
„Das macht mir nichts“,
sagt Anna.

Im Auto kann man spielen.
Man kann Kühe und Pferde zählen.
Letztes Jahr haben Mama und Anna
Rätsel gelöst.
Die Fahrt ging
viel zu schnell vorbei.
Heute geht die Fahrt
nicht schnell vorbei.
Anna und Mama und Papa
sind ganz früh losgefahren.
Es war noch dunkel.

Jetzt ist es schon lange hell.
Aber sie sind
immer noch nicht da.
Im Auto ist es heiß.
„Dieses Jahr
haben wir gutes Wetter!“,
sagt Mama.
„Regen ist auch gutes Wetter“,
sagt Anna.
„Ohne Regen
gibt es keine Pflanzen
und keine Pfützen.“
„Natürlich“, gibt Mama zu.
„Aber Regen im Urlaub
ist gar nicht schön.“

Sie nimmt einen großen Schluck
aus der Wasserflasche.
„Spielen wir Kühe zählen?“,
fragt sie dann.
Anna spielt mit.
Aber hier gibt es keine Kühe.
Es gibt nur Wohnmobile.
Mama und Anna
zählen Wohnmobile.
Wohnmobile sind schön.
Aber nicht so schön wie Kühe.

„Wann sind wir endlich am Meer?“,
fragt Anna.
Kein Land kann so groß sein,
dass nie das Meer kommt.
„Noch über diesen Berg“,
sagt Papa.
Die Straße hat viele Kurven.
„Bestimmt wird mir schlecht“,
sagt Anna.
Aber das Wohnmobil
fährt brav und ruhig.
Es freut sich wohl schon
auf das Meer.

Es ist Abend,
als sie auf dem Campingplatz
ankommen.
Anna ist sehr müde.
„Ist das schön!“, ruft Mama.
„Was denn?“, fragt Anna.
Sie gähnt und reckt den Hals.
Sie sieht keinen Leuchtturm.
Sie sieht keinen Sandstrand.
Die Gegend ist voller Berge.

„Hier sieht es ja
ganz anders aus“, sagt sie.
Mama streicht ihr über die Haare.
„Ich habe gesagt,
dass es anders wird.“
Anna runzelt die Stirn.
„Aber doch nicht so anders“,
sagt sie.
„Warum sind wir nicht
ans selbe Meer gefahren
wie letztes Jahr?“
„Ruh dich erst mal aus“,
sagt Papa.
„Morgen gefällt es dir.“
Anna weiß jetzt schon,
dass es ihr nicht gefällt.
Letztes Jahr war alles schön.
Hier ist alles anders.

Das Wohnmobil wollte
ans Meer fahren.
Aber sicher nicht an das hier!

Am nächsten Morgen
holt Papa Brötchen
im Campingladen.
Mama kocht Eier
in der Wohnmobilküche.

„Es ist wunderschön hier“,
sagt Papa.
„Das Dorf ist ganz nah.
Wollen wir nach dem Frühstück
die Gegend erkunden?“
„Ich bin noch müde“, murmelt Anna.
„Dann gehen wir erst zum Strand“,
sagt Papa.
„Später machen wir
einen Spaziergang.
Wir sehen uns das Dorf an
und erforschen alles.“
Anna und Papa sind gute Forscher.
Sie entdecken oft spannende Dinge.
Aber heute hat Anna keine Lust.
Hier sieht es
gar nicht spannend aus.

Alles ist staubig und trocken.
Anna trottet mit ihren Eltern
zum Strand.
Sie lässt ihre Matte zu Boden fallen.
„Hier ist ja gar kein Sand!“,
mault sie.
„Kies ist auch schön“, sagt Mama.
„Aus Kies kann man
keine Sandburgen bauen“,
sagt Anna.
„Dann bau doch eine Kiesburg“,
sagt Papa.

Er schmiert sich
mit Sonnenmilch ein.
Mama reibt Anna ein.
„Die kühlt schön“, sagt Mama.
„Aber sie riecht eklig“, sagt Anna.
„Letztes Jahr
haben wir keine gebraucht.“
„Das stimmt“, sagt Mama fröhlich.
„Wie gut, dass wir dieses Jahr
in den Süden gefahren sind!“

Papa stellt den Sonnenschirm auf.
„Ich muss sofort ins Wasser“,
sagt er dann.
Mama setzt die Sonnenbrille ab.
„Wir kommen auch gleich“, sagt sie.
„Pass auf, wo du hintrittst.
Hier gibt es nämlich Seeigel!“
„Was, Seeigel?“, schreit Anna.
Das hat gerade noch gefehlt!

„Quallen sind schlimmer“,
sagt Papa.
„Quallen sind gar nicht schlimm“,
sagt Anna.
„Die sind sogar schön.“
„Jetzt hör aber auf“, sagt Mama.
„Du hast dich letztes Jahr
vor den Quallen gefürchtet.“

Anna schließt die Augen.
Das Meer rauscht
wie im letzten Sommer.
Aber keine Möwen schreien.
Lara und Anna haben gern
Möwen gefüttert.
Aber einmal
war es nicht so schön.
Einmal wollten die Möwen
gar nicht mehr wegfliegen.
Laras Papa musste sie verjagen.

„Mir ist langweilig“, sagt Anna.
„Der Campingplatz ist langweilig
und der Strand ist langweilig.“
„Soso!“ Papa lacht.
„Na, das wird aber
ein langweiliger Urlaub.“
Er läuft ins Wasser.
„Herrlich!“, ruft er.
„Kommt doch auch.“
Anna setzt sich aufs Handtuch.
„Willst du nicht baden?“, fragt Mama.
Anna schüttelt den Kopf.
„Das Meer ist nicht schön“,
sagt sie.

„Hör auf zu quengeln!“,
sagt Mama streng.
„Es ist so schön hier.“
„Es ist aber anders“, sagt Anna.
„Das macht doch nichts“,
sagt Mama.
„Anders ist eben anders schön.“
„Das stimmt nicht“, sagt Anna böse.
„Anders als schön
ist nicht schön.“
Mama zuckt mit den Schultern.
Dann läuft sie hinter Papa her
und springt ins Wasser.

Als Mama und Papa wiederkommen,
steht Anna auf.
„Ich hole mir ein Buch“,
sagt sie.
„Kriege ich den Autoschlüssel?“
Mama reicht Anna den Schlüssel.
„Aber komm gleich wieder“,
sagt sie.
Anna trottet los.
Die Sonne brennt.
Zwei endlos lange Wochen
soll Anna
es hier aushalten!
Eine Möwe fliegt über Anna,
aber Anna bemerkt sie nicht.

Anna holt ihr Buch.
Als sie das Auto wieder abschließt,
kommt ein neues Wohnmobil an.
Es parkt genau neben Anna.
Es hupt,
obwohl Anna nicht im Weg steht.
Anna kriegt einen Schreck.
Dann wird sie wütend.
Alle sind heute gemein zu ihr.
Sogar die Autofahrer.
Die Tür des neuen Wohnmobils
geht auf.

Ein Mädchen klettert heraus.
„Hallo, Anna!“, ruft das Mädchen.
„Was ist los mit dir?
Du guckst ja so böse.“
Anna reißt die Augen weit auf.
Es ist Lara!
Lara rennt auf Anna zu.
Anna rennt auf Lara zu.
Sie bleiben voreinander stehen
und lachen.
„Wo kommt ihr her?“,
fragt Anna.
Lara runzelt die Stirn.
„Hast du nicht gewusst,
dass wir kommen?“,
fragt sie.

„Es sollte eine Überraschung sein“,
sagt Laras Mutter.
Sie sieht sich um.
„Ist das nicht herrlich?“, fragt sie.
Anna nickt.
„Es gibt keinen Sandstrand“,
sagt sie.
„Aber man kann auch Kiesburgen
bauen.“

„Das machen wir!“, ruft Lara.
„Darf ich gleich zum Strand?“
„Geh nur mit“, sagt Laras Mutter.
Anna und Lara rennen los.
Der Himmel ist wunderbar blau.
Es riecht
nach Salz und Sonnenmilch.
Das Meer hat kleine, sanfte Wellen.
„Pass gut auf“, sagt Anna zu Lara.
„Hier gibt es Seeigel.“
„Igitt“, sagt Lara.
Aber Anna schüttelt den Kopf.

„Die sind nicht schlimm“,
sagt sie.
„Nicht so schlimm wie Quallen.“
„Ich bin zuerst im Wasser!“,
ruft Lara und rennt los.
Anna rennt hinterher.

Als Anna und Lara
aus dem Wasser kommen,
bauen sie eine Kiesburg.
Gut, dass sie einen Seeigel finden.
Den setzen sie vorsichtig
als Wächter obendrauf.

„Wir bauen auch noch eine Mauer“,
sagt Lara.
„Von hier bis zum Wasser.“
„Und einen tiefen Kanal“,
sagt Anna.
„Wie lange bleibt ihr hier?“,
fragt Lara.
„Nur zwei Wochen“, antwortet Anna.
Sie weiß jetzt schon:
Die Zeit
wird viel zu schnell vergehen.